VISITE

DANS

LES CATACOMBES

DE SAINT-CALIXTE

SOUS LA CONDUITE

DE

M. LE CHEVALIER DE ROSSI

—

1866

VISITE

DANS

LES CATACOMBES

DE

SAINT-CALIXTE

Rome, le 26 mars 1866.

A trois heures, je me trouvais avec les miens dans la vigne qui couvre les catacombes de Saint-Calixte, attendant M. le chevalier de Rossi. A son arrivée, il nous conduit dans un ancien oratoire dédié à saint Sixte, et construit près de l'entrée principale du cimetière de Saint-Calixte. C'est là qu'il nous expose quelques notions préliminaires nécessaires pour bien comprendre ce qu'il va dire dans les catacombes.

L'étude des documents historiques avait déjà fait

pressentir à l'éminent archéologue que la tradition qui, depuis le XIIᵉ siècle, indiquait le cimetière de Saint-Calixte dans le soubassement de Saint-Sébastien, était erronée. Les monuments sont venus confirmer cette opinion. C'était une simple hypothèse du moyen âge en contradiction avec les itinéraires des pèlerins qui conduisaient au tombeau de sainte Cécile, cette grande sainte qui eut seule le privilége d'être enterrée auprès des papes.

Après l'avoir entendu, on ne peut douter que les catacombes n'aient été creusées spécialement pour faire des cimetières où les chrétiens martyrs ou simples fidèles étaient tous enterrés, et où ils célébraient les saints mystères pour être à l'abri des persécutions, en donnant la plus grande solennité au service des morts.

La paix ayant été assurée par Constantin à l'Église, il n'y avait plus de raison pour que ces cryptes continuassent à recevoir les restes des fidèles ; alors, on en rendit l'entrée facile par de larges escaliers ; on ouvrit des lucernaires pour leur donner de l'air et de la lumière ; les étroits souterrains qui conduisaient aux lieux les plus vénérés furent muraillés et voûtés. Jusqu'au IXᵉ siècle, les catacombes étaient devenues des sanctuaires révérés, des lieux de pèlerinage ; et l'on dut les rendre d'un accès commode pour la foule pieuse qui s'y pressait et qui pouvait y circuler presque sans lumière.

I. Mais bientôt toutes les petites bougies s'allument, et nous descendons un long escalier de pierre découvert en 1854, et qui a été l'origine des plus précieuses découvertes. Nous avions traversé ces galeries élargies, lorsque notre conducteur nous arrêta devant l'entrée d'une chambre où les murs sont couverts, dans le corridor, d'inscriptions tracées par les pèlerins. Ses recherches l'avaient amené à trouver, dans les recueils de documents du moyen âge, des itinéraires de pèlerins semblables aux guides dont se servent encore les voyageurs. Il était bien intéressant de connaître s'il y avait quelques rapports entre ces itinéraires et les inscriptions cursives, rapides, faites avec la pointe d'un stylet sur l'enduit qui nous les a conservées jusqu'à présent.

En les appliquant aux catacombes, M. le chevalier de Rossi, par la comparaison des textes avec les faits, a pu former des cartes topographiques irrécusables. Le guide nous apprend où saint Sixte II et sainte Cécile sont enterrés.

Les inscriptions sur les chambranles de la porte de la *Salle de saint Sixte* nous préparent à entrer dans ce sanctuaire. Ce sont des invocations, comme celle-ci : *Sancte Syxte*, avec le nom du fidèle qui l'a écrite; des prières adressées aux martyrs du Seigneur : *On va entrer dans la nouvelle Jérusalem.* Ces inscriptions sont les unes sur les autres, et il faut une sagacité,

une science de ces sujets vraiment extraordinaires,
pour avoir pu les déchiffrer.

II. Nous entrons dans la chapelle, dans le sépulcre
qui, depuis saint Zephyrius, renferme les tombes de
onze pontifes; c'est une salle de 4 mètres environ sur 6,
au fond de laquelle est une grande inscription sur une
table de marbre. Les dévastations dont ces tombes ont
été l'objet avaient enlevé les inscriptions grecques,
toujours très-laconiques, suivant l'usage de cette
époque primitive, lorsque heureusement on trouva en
fouillant la terre cent vingt-cinq fragments qui, réunis,
reconstituent l'inscription dont je viens de parler, et
qui est due au pape saint Damase. Ce grand pape,
non content d'ouvrir de magnifiques escaliers pour
conduire aux tombes de ses saints prédécesseurs,
compose en vers leur histoire et la fait graver sur
le marbre par un calligraphe qui écrit toutes les
inscriptions de cette époque trouvées dans les
cryptes des martyrs. La forme des lettres ornées en
tête d'une espèce de feston sert à faire reconnaître
toutes celles venant de la même main. Les manuscrits complètent ce que le marbre refuse à l'antiquaire, et le contrôle réciproque de l'histoire et des
monuments donne à la première une certitude infailli-
ble. Les inscriptions de saint Damase ont été copiées
du IIIe siècle au IXe, par les pèlerins dont les itinéraires
manuscrits sont arrivés jusqu'à nous.

L'inscription qui nous occupe a été complétée par des lettres tracées en noir, copiées d'après ces manuscrits.

Le Pape-poëte commence par une invocation générale à la foule des martyrs, compagnons de saint Sixte.

Hic congesta jacet... turba piorum.

Ils ont remporté des victoires. Le plus grand d'entre eux est le Pape qui obtient la palme du martyre en célébrant le divin sacrifice, les autres sont des compagnons dont le courage a été surpassé par celui du grand saint qui a donné son nom à la crypte.

Il parle ensuite du bataillon sacré, *numerus;* il distingue le chef des autres, et termine en disant qu'un seul a vu la paix. Il ne le nomme pas ; mais on sait et il confirme que *Melchiade* est le dernier Pape enterré dans les catacombes, quand l'Église a pu voir le grand jour. Il a vécu dans une longue paix.

Près de ces tombes Papales, une tombe plus vaste renferme les restes de quatre-vingts martyrs anonymes.

En face de la grande inscription, le dallage porte la trace de quatre trous où devaient se placer les pieds de l'autel.

Dans d'autres inscriptions, Damase raconte l'histoire d'une famille venue idolâtre de la Grèce et qui a confessé à Rome la foi du chrétien.

Hic confessores sancti quos Græcia misit.

Il indique une foule d'enfants, de vieillards, de jeunes vierges; il aurait voulu s'y faire enterrer aussi, pour être entouré de ces restes sacrés; mais son humilité ne lui a pas permis de troubler la paix de ces saints.

III. De la chapelle nous entrons, par une porte pratiquée vers le fond à gauche, dans la chambre de *sainte Cécile*. Cette chambre n'a rien de semblable à la plupart des cryptes. Un vaste lucernaire y jette une lumière abondante qu'on est très-étonné de trouver dans ces abîmes. Les murs sont couverts d'images bysantines qui appartiennent à la transformation du style. On voit le portrait d'une jeune fille en pied; puis, au-dessous, dans une niche, l'image grecque du Christ, et, à côté du Christ, le nom d'un pontife, *saint Urbain*. Ce n'est pas le tombeau du Pape, mais celui de la sainte, comme nous l'avions déjà dit, enterrée près des Papes, par les soins d'Urbain lui-même. Plus loin, sur la même paroi, on trouve à droite une grande niche où était le sarcophage de la sainte; le pape Pascal Ier l'ouvrit, et vit le corps couvert de ses vêtements, dans la position exacte que Charles Maderne a si bien imitée dans sa belle statue de sainte Cécile. On devait trouver sa tombe près de celle des Papes, et non-seulement cette tombe fut retrouvée, mais le corps lui-même était tel qu'il avait été déposé huit siècles auparavant.

Nous avons vu d'abord les lieux les plus secrets; mais d'autres encore renferment les restes des confesseurs de la foi, lieux bien dévastés, mais qu'une science aussi sûre que celle des géomètres va restituer dans leur intégrité primitive.

IV. Nous passons dans une salle qui n'a pas plus de 6 à 7 mètres de surface, réduite encore par une balustrade en fer qui protége les murs contre le contact des visiteurs.

Elle est la première de cinq chambres dans lesquelles les mêmes sujets se présentent, rendus à peu près de la même manière, et pouvant ainsi se contrôler et se compléter mutuellement. Elle a le moins souffert, et les sujets de ses peintures sont le Baptême et l'Eucharistie, toujours sous deux aspects, l'allégorie et la réalité, la Bible et l'Évangile.

Ce n'est qu'à travers un voile qu'on montrait alors les Sacrements; la matière en était un grand mystère. On voit Moïse faisant sortir l'eau du rocher, la pêche miraculeuse, et puis la réalité, le baptême par l'eau et l'immersion.

Du rocher de Moïse coule la fontaine d'eau vive, le baptême ; saint Paul le dit dans ses épîtres : c'est la pierre d'où découle la foi; Moïse ouvre la porte de la grâce, et l'entrée de tous les autres sacrements.

Mais dans les catacombes, ce *Moïse* symbolique ne porte plus son nom, il s'appelle *Pierre,* nouveau Moïse du nouveau peuple pour qui le Christ est le rocher d'où part la source.

Une autre image fait voir le paralytique portant son lit près de la piscine probatique, symbole de la guérison spirituelle, de la guérison des péchés.

Tout ce que nous venons de raconter se trouve peint sur la paroi, à gauche en entrant. Ces peintures sont largement touchées avec l'esprit et la facilité qui distinguent celles de Pompéi, dont elles sont presque contemporaines. Nous voyons ainsi apparaître au grand jour, dans le même siècle, après seize cents ans d'oubli, les deux civilisations qui luttaient dans le monde, le vice triomphant s'étalant au soleil qui aurait dû s'en détourner pour n'avoir pas la honte de l'éclairer, et la vertu la plus héroïque obligée de se cacher dans les entrailles de la terre.

Le tableau de la paroi du fond représente l'Eucharistie ; à gauche, un trépied et un plat sur lequel est placé un pain à côté d'un poisson. Un homme impose les mains, c'est le prêtre qui consacre. Une femme lève les mains, c'est l'âme, c'est l'Église qui prie. La présence du poisson s'explique dans la peinture qui suit.

On y voit sept disciples à table, mangeant les pains et les poissons. Des corbeilles pleines de pains sont auprès de la table, et rappellent l'évangile de la multiplication. Dans cette langue symbolique, Ἰχθὺς, qui signifie un poisson, par chacune de ses lettres énonce les mots suivants, qui contiennent : Ἰησοῦς Χριστὸς, Θεοῦ υἱὸς, Σωτὴρ, *Jesus-Christus, filius Dei, salvator*, Jésus-Christ, fils de Dieu, sauveur.

D'autres peintures anciennes font voir un poisson qui porte sur son dos du pain et du vin, en continuant l'image de l'Eucharistie.

Dans le troisième tableau, sur la paroi à droite, deux personnages sont en prière : Abraham et Isaac. Un bélier et du bois rappellent le sacrifice, image de celui du Sauveur, symbolisé par l'action biblique.

Au retour, vers la porte, un homme puise dans un puits. M. de Rossi, qui ne veut rien expliquer que ce dont il est sûr, avoue qu'il ne comprend pas cette figure, et prouve ainsi que lorsqu'il avance une explication, il est sûr de son fait.

Au plafond, on voit l'histoire de Jonas.

Des tombes sont distribuées tout autour de cette chambre ainsi que des suivantes.

V. Nous voyons, dans la salle qui suit, les pains de multiplication, les sept disciples à table, Lazare, Jonas, les scènes de l'Évangile en face de celles de l'Ancien Testament.

VI. Dans une autre chambre, on a trouvé sous le sol deux sarcophages en marbre. En levant le couvercle, on a vu deux morts, l'un enveloppé dans une simple toile, où l'on distingue sur le devant les larges coutures qui la fermaient; l'autre est embaumé à la manière Égyptienne; c'est une vraie momie. On a eu soin de remplacer le marbre par une glace, afin de nous permettre de voir ces deux remarquables conservations.

VII. La chambre suivante contient le tombeau du Pape Eusèbe; elle avait été plaquée des marbres les plus précieux; l'intérieur des tombes était en mosaïque, mais tout a été enlevé. Ce qu'il y a encore de plus intéressant dans cette chambre est une inscription presque entière du pape Damase, racontant en vers latins, comme nous l'avons vu dans la salle de saint Sixte, l'histoire du pape saint Eusèbe. Cette inscription n'est que la copie de celle qui a été faite du temps de saint Damase. La forme des caractères dénote une main moins habile que l'autre. M. de Rossi soupçonna, d'après cela, qu'il n'avait devant lui qu'une copie; et la preuve, il la trouva dans les ruines mêmes de cette pièce, dans des morceaux presque microscopiques, où les lettres étaient parfaitement semblables à celles de l'inscription placée dans la chambre de saint Sixte; au moyen de la copie et des manuscrits qui se rapportaient, il a pu la rétablir également et entièrement. L'inscription, presque toute en noir (c'est ainsi qu'il indique ses restaurations), comprend çà et là quelques points rouges qu'y s'y adaptent parfaitement, et qui ne sont autres que les fragments mêmes de l'inscription primitive.

La copie en marbre est faite sur une plaque mince, à l'envers de laquelle on lit une inscription dédiée à Caracalla. On y trouve ainsi une limite pour sa date. C'est sur un ancien monument qu'après la destruction de l'inscription de saint Damase on l'a restituée.

La plaque de marbre est encastrée dans un cadre neuf en pierre et posée sur des tourillons qui permettent de lire, à l'endroit, l'inscription chrétienne et ensuite l'inscription païenne qui sont opposées comme les deux faces d'une médaille.

La copie, du VIᵉ siècle, est placée en regard de l'inscription originale restaurée.

Les recherches d'un archéologue de la valeur de M. de Rossi ne négligent rien. Il a pu retrouver même le nom du calligraphe employé par saint Damase, et l'inscription de saint Eusèbe a confirmé cette conjecture. Des lettres disposées verticalement nous apprennent ce nom : *Furius Dyonisius Filocalus scripsit...*

Dans cette inscription, le pape Damase raconte qu'un certain Héraclius, dont l'histoire ne fait pas mention, a troublé l'Église, et qu'il empêchait les apostats d'y revenir. Il parle d'une sédition dans la ville, et de l'empereur Maxime qui, ne voulant pas entrer dans ces questions religieuses, exila saint Eusèbe. Ce fait était inconnu.

VIII. Nous revenons sur nos pas, dans un dédale où M. de Rossi se retrouverait sans lumière, et où j'avoue ne rien connaître à la direction que nous avons suivie. Nous arrivons dans une salle assez grande pour contenir cent personnes, voûtée et coupée récemment par des murs qui continuent le corridor à travers l'église. On voit au fond, dans une niche, un grand tombeau couvert d'une table de marbre, sur laquelle se célébrait le sacrifice divin. Cinq tombes y sont distinctes, et au-dessus de la grande niche une peinture représente cinq personnes en oraison; elles sont environnées d'oiseaux, avec le mot *in pace* qui les accompagne. Ces personnages sont donc au ciel, et cependant ils prient; mais ce n'est pas pour eux, c'est pour ceux qui sont encore sur la terre. Dans les inscriptions des catacombes, nous lisons :

Vivas in pace et pete pro nobis.

Ces peintures ont été déjà coupées lorsqu'on ensevelissait encore dans les catacombes pour y placer le corps d'un enfant qu'on voulait voir de ns le voisinage des saints.

IX. Nous entrons ensuite dans une autre crypte, dont le tombeau-autel a longtemps servi, car les peintures de la voûte qui le couvrent sont noircies par la fumée qui s'échappait d'une lampe placée dans une petite niche à gauche.

Malgré la coupure faite dans la peinture par l'addition d'une tombe, on distingue encore très-bien le sujet : au centre, le bon Pasteur dont on voit le haut de la tête et la brebis qu'il porte ; à ses pieds deux autres brebis. Deux personnages semblent s'éloigner de lui ; ce sont deux apôtres à la recherche du reste du troupeau. Ils versent de leurs mains une pluie abondante sur celles qu'ils rencontrent; à droite, une des brebis le regarde, l'autre suit ; à gauche, encore deux brebis, l'une le regarde et l'autre continue à brouter l'herbe. L'eau que versent les apôtres représente la parole de vie qu'ils ont puisée au rocher de Moïse, levant les mains au ciel.

On ne peut douter que le nouveau Moïse soit Pierre. Une charmante peinture établit dans une simplicité naïve leur identité. A gauche, un homme sans barbe déchausse le cothurne, une main dans le ciel semble appeler Moïse à qui Dieu donne sa mission. Tout à côté un homme à barbe frappe le rocher, l'eau en jaillit et un jeune homme vient la boire;

on doit y voir un autre Moïse, saint Pierre et un fidèle qui reçoit le baptême. En face, la multiplication des pains et les poissons, symbole de l'Eucharistie, complètent ainsi la représentation de l'Église.

La parabole du bon Pasteur se retrouve continuellement pour répondre à l'hérésie des Montanistes qui reprochèrent à l'Église d'être relâchée en recevant trop facilement les pécheurs à la pénitence.

Nous sommes bientôt au bout de notre pieuse promenade, et M. de Rossi, quoique fatigué, veut nous montrer encore, dans des peintures d'un autre ordre, la confirmation des dogmes de l'Église, relativement à la sainte Vierge.

X. Au-dessus d'une tombe placée dans un corridor, on l'a peinte, assise, avec les trois mages devant elle. Elle a sur ses genoux l'Enfant Jésus dont on ne la sépare jamais. Cette peinture est du III° siècle, et représente, dans sa réalité, le fait évangélique. La voûte nous montre le bon Pasteur.

Dans d'autres peintures, la sainte Vierge est presque toujours représentée symboliquement au centre avec l'Enfant Jésus, et recevant les hommages de deux, quatre ou six mages reconnaissables à leur bonnet phrygien, et disposés en nombre pair pour la symétrie. C'est ainsi qu'on la voit dans les grandes églises. On ne veut pas la séparer de son divin Fils, pour ne pas diviser sa nature. Le concile d'Éphèse avait dit qu'elle était réellement la mère de Dieu.

Aux catacombes de Sainte-Prixille, elle est sans mages, et un prophète la désigne comme ayant donné au monde le Verbe éternel. La sainte Vierge recevait donc, aux époques les plus reculées, le culte que nous lui rendons aujourd'hui.

LE MUSÉE DE LATRAN

Rome, le 27 mars 1866.

Hier, M. le chevalier de Rossi nous initiait aux mystères des catacombes ; aujourd'hui, il nous montre les monuments élevés par l'Église, lorsqu'elle commença à se produire au grand jour.

Le grand escalier du musée, salle remplie par des degrés qui vont d'un mur à l'autre, est l'amphithéâtre improvisé où notre antiquaire, aussi obligeant que célèbre, explique à une foule attentive, parmi laquelle se trouvent d'éminents prélats et l'élite de la société française à Rome, dans un langage plusieurs fois applaudi, les mystérieux monuments de l'art chrétien du IVe au VIe siècle.

Dans les catacombes, la peinture peut s'exercer facilement; l'artiste n'a besoin que d'une palette, de quelques couleurs et d'un peu d'eau, et il représente, avec
la liberté que lui permettent les règles de l'Église, les
mystères de notre foi. La sculpture, matériellement,
ne pouvait s'exécuter dans ces galeries obscures ; il lui
faut le grand jour d'un atelier, du marbre, des outils,
des ouvriers nombreux. Aussi est-elle obligée de s'in-
terdire les sujets bibliques qui se voient aux catacombes, et qu'elle ne commence à aborder qu'au IVe siècle.
Elle se borne aux sujets équivoques qui ne devaient
pas être compris par les païens dans leur sens allé-
gorique.

I. Le *premier sarcophage* que nous voyons en
entrant est en même temps le plus intéressant, et
cependant il ne traite pas des sujets nouveaux. Ce
sont des sujets bibliques, mais groupés dans un ordre
logique et évident. Véritable épopée chrétienne,
histoire de l'humanité.

Comme beaucoup de sarcophages païens, il est en
deux rangs sur la hauteur, et se divise en six parties :
quatre aux extrémités, et deux au milieu qui sépa-
rent les autres.

La première partie, à gauche, présente à l'extrémité trois personnages : un assis, un autre debout
derrière la chaise, l'autre en avant ; celui-ci pose sa
main sur une petite figure de femme nue, aux pieds

de laquelle est une autre petite figure d'homme couchée. Les trois personnages ont de la barbe. On doit y voir la représentation de la Trinité, en rapport avec Adam et Ève; ou l'histoire de la création de l'homme. On sait que, dans les prescriptions classiques, les personnages plus importants doivent être dessinés sur une échelle plus grande que ceux qui le sont moins.

Près de ce groupe s'en trouve un autre, composé de trois figures, et d'un arbre autour duquel s'enroule un serpent; deux des figures couvrent leur nudité par des feuilles de vigne; la troisième est vêtue du pallium, sans barbe et entre les deux autres, et n'est autre que le Christ incarné, le Verbe consolateur; en même temps qu'il donne un épi de blé à Adam, une chèvre à Ève, symbolisant ainsi leurs travaux. Adam doit creuser un sillon à la sueur de son front, Ève doit tisser des vêtements avec la laine de sa chèvre.

Nous avons donc trouvé dans ce premier groupe, représenté avec une grande simplicité, deux grandes époques de l'histoire : création, chute, promesse de réparation.

La partie inférieure correspond à celle-ci par sa forme et par son sens caché.

La Vierge, au-dessous de Dieu le père, est également assise sur une chaise, tenant l'Enfant assis sur ses genoux. Un personnage à barbe est derrière elle, exactement dans la position de la figure au-dessus qui représente le Saint-Esprit. M. de Rossi ne doute pas que là aussi l'artiste n'ait voulu encore reproduire une des personnes de la Trinité. Quelques-uns croyaient y voir saint Joseph; mais, à cette époque, il était ordinairement représenté sans barbe. En avant de la sainte Vierge, trois mages, coiffés du bonnet phrygien, viennent adorer l'Enfant divin. L'adoration des mages indique l'arrivée du monde païen aux pieds de Jésus-Christ. Un des mages lève le doigt vers le ciel, comme pour montrer l'étoile qui les a dirigés, en les conduisant vers l'Enfant divin.

Or l'étoile, c'est encore le symbole du Christ qui illumine les ténèbres du monde; et le même Christ est représenté à côté des mages rendant la vue à l'aveugle.

En remontant à droite, vers la partie supérieure du sarcophage, nous voyons trois groupes. Dans tous les trois, on reconnaît le même personnage principal qui se trouvait entre Adam et Ève. Il tient à la main la verge miraculeuse. Dans le premier groupe, il touche de sa verge trois vases, qui sont les amphores des eaux, où l'eau est changée en vin, allusion au vin de l'Eucharistie. Plus loin, il impose les mains sur les pains et les poissons, et les multiplie, comme le pain de l'Eucharistie. Enfin, à l'extrémité, le même personnage touche une momie dans une niche. A ses pieds est une petite figure prosternée qui les baise. On doit y voir Lazare, qu'il rappelle à la vie, sollicité par les prières de Madeleine.

Beaucoup d'autres monuments rapprochent la multiplication des pains et du poisson, et la résurrection de Lazare, en représentant ainsi toujours la figure eucharistique, gage de la résurrection bienheureuse. Ces deux dogmes se font suite. A Alexandrie, on a trouvé dans une crypte la même scène avec une inscription grecque qui l'explique, et qui ne peut permettre aucun doute à ce sujet.

La présence du poisson dans ces représentations est plutôt une écriture qu'un signe de mystère, car jamais le poisson n'a été offert en sacrifice. En introduisant sur la scène un poisson dont le nom grec renferme les initiales des noms et qualités du Sauveur, on l'indiquait à tous les initiés.

En descendant à droite, la quatrième partie basse présente une autre action. Le Christ imberbe est remplacé par saint Pierre, portant une barbe, et tenant également une verge. On le voit au moment où il vient de renier son maître. Un coq est à ses pieds, et Notre-Seigneur, en ouvrant la main, indique par ses doigts le nombre 3, qui rappelle la triple négation du chef des apôtres.

Mais la réparation ne se fait pas attendre, et l'apôtre qui vient de renier son maître est aussi le premier qui se dévoue.

Dans le groupe suivant, il est traîné en prison, toujours son bâton à la main. Partout il porte cette verge, et plus loin il frappe le rocher et en fait jaillir l'eau du baptême; Moïse est son symbole. Deux hommes boivent à cette source de la foi et de la grâce.

Ainsi que nous l'avons dit, les parties centrales ne semblent pas liées à l'histoire que nous venons de raconter.

Dans le haut, un médaillon contient deux portraits ébauchés, comme on le voit souvent dans les monuments antiques de ce genre, et indique que ce sarcophage était préparé chez le sculpteur pour y terminer les traits de ceux auxquels il était destiné.

Au-dessous, Daniel dans la fosse, entre deux lions, sur un socle qui montre qu'il n'y a pas de rapport particulier entre cette scène et celles que nous venons de décrire, mais seulement un rapport d'ensemble qui est la réunion, le résumé de tous ces sujets. Daniel a été le plus net dans ses prophéties, lorsqu'il a précisé la venue du Sauveur. Il est entouré de trois personnages dont l'un, vêtu d'une tunique, apporte une corbeille de pains, où se trouve aussi le poisson. Un vieillard met la main sur la tête du premier; l'autre personnage barbu ressemble à celui qui, dans les autres scènes, a figuré le Saint-Esprit. Le premier est Abacuc, portant la corbeille de pain eucharistique pour donner aux martyrs, que représente Daniel, la force de supporter les supplices; le second, qui remplace l'ange dont parle la Bible, est le Verbe que les pères, dans les trois premiers siècles, reconnaissent dans les apparitions de l'ange du Seigneur. Ce sarcophage a été trouvé à côté du tombeau de saint Paul, dans les fondations de l'autel dressé par Honorius et Théodose, vers la fin du IVᵉ siècle.

II. La *seconde tombe* que nous a décrite M. le chevalier de Rossi est d'un caractère tout différent et voilé aux profanes. Les sculptures sont tout allégoriques. Le bon Pasteur y est répété trois fois; il est entouré de vignes que vendangent de petits génies. Le sens en était si caché que les artistes même qui ont concouru à ce monument n'avaient pas le sentiment de ce qu'ils faisaient; et ce qui le prouve, ce sont les ornements qui décorent les trois socles qui portent chacune des figures du bon Pasteur. Dans le milieu, ils ont sculpté deux griffons, attributs d'Apollon; aux deux bouts, des masques scéniques.

III. Le *troisième sarcophage*, plus simple dans sa composition, présente sur sa face trois figures isolées et séparées par des colonnes cannelées en spirale. A gauche, un pêcheur lui donne le caractère chrétien, car on ne le trouve dans aucun sarcophage païen dans ces conditions d'isolement. Mais ce qui paraît

au premier abord de plus singulier, c'est la figure du
milieu qui représente Orphée coiffé du bonnet
phrygien, et attirant au son de sa lyre les oiseaux et
les bêtes féroces. On trouve ce rapprochement dans
plusieurs monuments chrétiens. Clément d'Alexandrie, dans le livre où il indique aux chrétiens quelle
doit être leur vie extérieure, leur recommande de ne
pas permettre qu'on figure sur leurs anneaux des images païennes. Il conseille le pêcheur, un navire, une
ancre, une lyre, un dauphin, tous signes qui, sans
blesser les yeux des païens, marquaient des symboles
de la foi chrétienne. Orphée passait pour un philosophe, interprète de la religion naturelle, ayant enseigné
l'unité de Dieu; il avait attiré les bêtes féroces.
Comme le Christ est l'Orphée de la doctrine chrétienne, on le trouve très-rarement dans les peintures
des catacombes, où les déguisements sont inutiles.

IV. Le *quatrième sarcophage* est orné de huit
colonnes couronnées d'arcs très-surbaissés. Le travail
est encore beau et même supérieur aux autres, quoi-
qu'il soit contemporain de la paix de l'Église. Il
commence à peine à représenter les scènes qui devaient le plus scandaliser les juifs, et être considérées
comme une folie par les païens. Il y est donc timide.
La croix n'y paraît point, elle répugnait trop aux
habitudes du monde païen pour pouvoir la montrer
sitôt à découvert.

Au milieu, le Christ environné de sa gloire est dans le ciel symbolisé au bas de l'arcade par une figure à mi-corps, développant sur sa tête un voile en demi-cercle qui sert de marchepied, *scabellum pedum tuorum*. La figure du Christ est rayonnante et rappelle celle que les artistes donnent à Apollon. Il est entouré de ses disciples et présente un livre en rouleau à saint Pierre qui le reçoit respectueusement en s'enveloppant les mains d'un voile, comme les prêtres en agissent encore aujourd'hui quand ils portent le saint Sacrement. Ici le volume n'est point écrit, mais la même scène se représente dans d'autres monuments où ce volume porte une légende : *Dominus legem dat.* On ne peut douter que c'est la loi, l'Évangile que Jésus-Christ donne à saint Pierre.

Cette inscription est quelquefois différente. Une mosaïque du v° siècle, au mausolée de sainte Constance, porte : *Dominus pacem dat.*

Or, nous voyons dans un ancien Évangéliaire couvert de lames de bronze et d'ivoire qui en attestent l'antiquité, que le Sauveur donne un livre sur lequel on lit : *Lex et pax.*

Ces deux mots expriment donc la même pensée, et peuvent, dans le symbolisme chrétien, être pris l'un pour l'autre.

Dans l'antiquité chrétienne, *pax* signifie la communion, la paix avec l'Église que les grands pécheurs recevaient après la pénitence en rentrant dans la communion des fidèles.

Dans le dernier entre-colonnement à droite on voit Pilate se lavant les mains, au moment où il déclare l'innocence du Christ. A cette époque, on ne représentait rien de plus sur la passion, on avait choisi ce qu'il y avait de plus doux : la justification du Christ à côté de son humiliation ; comme c'est délicat ! Le sacrifice du Sauveur est symbolisé dans celui d'Isaac, qui fait pendant à la scène de Pilate.

L'importance artistique de ce sarcophage semblerait l'assigner, d'après M. le chevalier de Rossi, à une époque antérieure à Constantin ; mais le sujet porte en lui-même sa date, que l'on doit fixer après la persécution de Dioclétien. En effet, les faces latérales représentent deux scènes qui se passent dans des villes au milieu de nombreux monuments. Jésus-Christ, dans l'un, guérissant l'hémoroïsse ; dans l'autre, prédisant le reniement de saint Pierre. On y voit nos mystères se manifester davantage ; cette manifestation extérieure est complétée par le monogramme du Christ placé au sommet d'un baptistère devant une basilique. C'est excessivement petit, à peine visible ; mais le cachet y est, et le sarcophage doit être du IV siècle.

V. Voici un *cinquième sarcophage*, où nous verrons l'art représenter nos mystères avec encore plus de liberté; ce qui doit lui donner une date d'une cinquantaine d'années postérieure, et le placer à la fin du IVe siècle. La décadence de l'art y est aussi très-marquée. Une colonne de cinq petites arcades renferme tous les signes les plus apparents du christianisme.

Au milieu, la croix latine occupe toute la hauteur; elle porte en haut le monogramme, c'est-à-dire le nom du Christ entouré d'une couronne de lauriers. Sur les branches de la croix sont deux colombes, et, au-dessous, deux soldats endormis, en souvenir du crucifiement, du tombeau, de la résurrection et du Labarum de Constantin converti à la foi. On le voit, les scènes de la passion ont fait un pas en avant, mais encore bien réservé.

Dans le dernier entre-colonnement à droite, Pilate reçoit l'eau pour se laver et détourne la tête; à l'opposé, autour du sacrifice d'Isaac, Simon le Cyrénéen porte la croix, et Jésus-Christ est couronné par un soldat. Les ménagements sont tels que ce n'est pas une couronne d'épines que ce soldat met sur sa tête, mais une couronne triomphale, et il la porte avec respect. Le soldat qui accompagne le Cyrénéen, entre la croix du milieu et le portement de croix, a un mouvement plus dur; c'est au symbole de Jésus-

Christ qu'il s'adresse, ce n'est pas à lui-même. Les scènes les plus terribles sont encore présentées avec une grande réserve. Nous ne sommes pas encore au vie siècle, où l'on montre enfin sans crainte le Christ attaché à la croix.

Nous arrivons au bout de cette galerie remarquable, devant *une statue* qui est pour l'art et l'archéologie sacrée un monument des plus intéressants. La partie supérieure a été complétement refaite au xvie siècle; nous ne devons donc nous occuper que de la partie inférieure, et surtout du siége sur lequel la statue est assise.

Le mérite de la sculpture indique le iiie siècle, et la figure est celle de saint Hippolyte, premier réformateur du calendrier, et dont les calculs sont tracés en petits caractères grecs sur les côtés de son fauteuil. Il semble y avoir une contradiction entre la création d'une œuvre de ce genre qui ne pouvait s'exécuter qu'au grand jour, et l'époque des persécutions où l'Église se cachait dans les cryptes souterraines. Aussi, pour l'expliquer, on est tenté de supposer qu'ils ont été tracés à l'époque de la liberté de l'Église, en se servant de la statue de quelque philosophe païen qui aurait été faite à la fin du iie siècle ou au commencement du iiie.

Mais comme on va le voir, cette explication est impossible. Dans l'origine, et jusqu'à saint Hippolyte, pour ne pas scandaliser les Juifs, et afin de les ramener en masse au christianisme, on n'avait pas voulu changer leurs calculs, et les chrétiens célébraient la Pâque d'après le calendrier judaïque, toutes fois en la remettant au dimanche.

Lorsqu'on perdit l'espérance de réunir la Synagogue avec l'Église, le pape Victor rompit tout à fait, et défendit aux Églises de l'Asie de célébrer la Pâque à la même époque que les juifs. Alors saint Hippolyte, qui était un grand géomètre, fut chargé de déterminer la Pâque pour l'avenir. Il divisa le temps en périodes de seize ans, et se trompa encore en comptant trois jours de moins dans chaque période. Un auteur anonyme s'aperçut de cette erreur dès le commencement de la deuxième période, c'est-à-dire seize ans après la première publication des travaux de saint Hippolyte, et il fit la remarque qu'il était parti du jour de la création du monde, au lieu de partir de celle de la lune, ce qui faisait une différence de trois jours. Il crut faire une correction suffisante en déplaçant tous les calculs de trois jours.

L'auteur anonyme se trompait encore, car à la fin de la deuxième période on retrouvait une nouvelle erreur de trois jours.

On ne peut entrer ici dans des développements astronomiques qui se trouvent dans un manuscrit syriaque où est indiquée la véritable cause de ces erreurs, ni indiquer la marche suivie pour les corriger.

Quoi qu'il en soit, nous avons dans ces renseignements de quoi préciser la date de notre statue.

Les inscriptions portent que les calculs de saint Hippolyte ont été faits la première année de l'empire d'Alexandre Sévère. A cette époque, il y eut un temps de tranquillité pour l'Église; c'était en **222.** Alors on put élever une statue et y graver des calculs pour fixer la cérémonie capitale des chrétiens.

Quelquefois la tolérance pour eux était telle qu'ils avaient fait un bail pour établir un lieu de réunion dans un des quartiers de Rome, et qu'une discussion s'étant élevée à ce propos, l'empereur dit qu'il valait mieux faire une église pour adorer Dieu que d'ouvrir des cabarets.

En revenant à notre statue, nous n'y trouvons rien qui livrât les secrets des chrétiens, ni qui s'oppose donc à ce qu'elle ait été exécutée à l'époque que nous avons indiquée ; et ce qui doit bien prouver que l'inscription est écrite au même moment, c'est qu'elle porte l'erreur commise par saint Hippolyte, reconnue au bout de quelques années, et que si elle eût été écrite deux siècles après, lors de la paix de l'Église, c'eût été une dérision pour la mémoire de ce grand saint que d'avoir reproduit sérieusement son erreur.

Nous avons donc ainsi démontré, malgré des contradictions apparentes, que la statue et les inscriptions grecques sont contemporaines et du commencement du IIIe siècle.

Cette seconde visite, qui nous a fait passer des catacombes au Musée de Latran, complète l'histoire abrégée des monuments chrétiens, jusqu'au triomphe de l'Église, et résume ainsi les beaux travaux de M. le chevalier de Rossi.

M'associant aux félicitations de la foule qui l'entoure, je ne puis, en le quittant, ne pas rendre l'hommage le plus sincère à la haute science de notre guide qui, dans ses œuvres d'archéologie sacrée, démontre à ceux qui sont de bonne foi que les dogmes chrétiens des premiers siècles sont encore les dogmes qui nous règlent.

ROHAULT DE FLEURY.

PARIS —IMPRIMÉ CHEZ BONAVENTURE ET DUCESSOIS,
QUAI DES AUGUSTINS, 55.